MOT

D'UN ÉLECTEUR

À

M. BARTHÉLEMY,

ET À QUATRE-VINGT-DIX-HUIT PAIRS.

PARIS,

A la Librairie Constitutionnelle de Brissot-Thivars, rue Neuve-des-Petits-Pères, n° 3, près la place des Victoires;
Et au Cabinet de lecture de Mlle Donnas, rue Neuve-des-Petits-Champs, n° 29, près le Palais royal.

1819.

De l'imprimerie de C.-F. PATRIS, rue de la Colombe
quai de la Cité, n° 4.

MOT
D'UN ÉLECTEUR

A

M. BARTHÉLEMY,

ET A QUATRE-VINGT-DIX-HUIT PAIRS.

LE gouvernement représentatif, tel que la charte l'a établi, et tel que nous le possédons aujourd'hui en France, se compose de deux pouvoirs, *le pouvoir législatif* et *le pouvoir exécutif.*

Deux éléments distincts, outre le pouvoir exécutif, concourent à la formation *du pouvoir législatif,* et par conséquent *du gouvernement représentatif.* L'élément *aristocratique,* ou la chambre des pairs, qui est destinée, par son hérédité, ses majorats et ses priviléges, à soutenir la prérogative royale; l'élément *démocratique,* ou la chambre des députés, qui, composée des représentants de la nation, est

I

destinée à veiller au maintien des droits du peuple, et à défendre ses libertés civiles et ses libertés politiques.

La chambre des pairs est choisie par le roi; et, par une suite nécessaire dans un gouvernement qui repose en entier sur l'équilibre des pouvoirs, *la chambre des députés* est élue par les citoyens.

Cependant la manière dont cette élection doit avoir lieu, n'est pas indifférente; elle doit être toute en harmonie avec le système entier du gouvernement. Aussi le législateur, en posant les bases de ce gouvernement, a posé en même temps les bases de l'élection, et n'a laissé à régler à la loi que le mode d'organisation, toujours en se conformant au système entier du gouvernement représentatif.

C'est donc un principe incontestable, que le système électoral, et par suite la loi organique des élections, qui est le complément de ce système, sont des bases fondamentales du gouvernement. Et une des conséquences de ce principe, c'est qu'on ne saurait attaquer une loi tout-à-fait en harmonie avec ce système, sans attaquer le système lui-même, et sans risquer ainsi d'ébranler l'édifice entier. Cette vérité est telle, que si un pouvoir quelconque manifestait une semblable intention, tous les autres devraient se réunir pour s'opposer à une entreprise qui ne tendrait à rien moins qu'à entraîner le renversement du gouvernement.

Long-temps, notre gouvernement représentatif est resté imparfait. A la vérité, la puissance *législative* existait. Nous avions une *chambre des pairs*, suivant la charte; nous avions aussi une *chambre des députés*; mais cette chambre des députés n'était pas composée suivant la charte. Elle était composée par des colléges électoraux, formés par les erremens du gouverment impérial; et il est inutile d'ajouter que le gouvernement impérial n'avait rien de commun avec le gouvernement monarchique et constitutionnel, tel que celui qui a été établi par la charte.

Qu'en est-il résulté?

C'est pendant ce temps que la France a retenti du bruit de conjurations, qui se succédaient sans interruption, que la délation et la calomnie se sont organisées sous le nom de zèle; que les cours prevôtales ont été établies; que les lois suspensives de la constitution ont été jugées nécessaires, qu'on a cessé de croire que la charte était une arche sainte, sur laquelle il était interdit de porter une main téméraire ; que ses dispositions ont été soumises à une dangereuse révision. Dieu sait où cet amour pour les innovations nous aurait entraînés, si la sagesse royale n'eût mis des bornes aux entreprises des innovateurs, et si l'ordonnance du 5 septembre ne nous eût préservés des améliorations d'hommes, dont les intentions pouvaient être excellentes, mais qui, appelés là par un mode qui tenait à un gouvernement tout autre que celui auquel ils concouraient, tendaient, involontairement et par la force naturelle des choses, à renverser les institutions qu'ils devaient maintenir.

Cet exemple était suffisant pour démontrer le danger de laisser une lacune dans le système du gouvernement : aussi le pouvoir exécutif se hâta-t-il de remplir cette lacune, en proposant une loi sur les élections, entièrement conforme à la charte, prise textuellement dans la charte, et qui formait le complément du système électoral établi par la charte.

La seule proposition de cette loi opéra dans les esprits une étonnante révolution : ceux qui jusqu'alors s'étaient montrés les ennemis de la liberté du peuple, s'en montrèrent les plus ardents défenseurs ; ceux qui jusqu'alors n'avaient prêché que servitude, se déclarèrent tout-àcoup les apôtres de l'indépendance ; ceux qui trois mois avant, ne parlaient que d'épuration, s'élevèrent contre le danger des changements ; ceux qui avaient invoqué l'établissement des lois de rigueur, tonnèrent contre l'application de ces lois ; ils furent étonnés eux-mêmes, lorsque, pour la première fois, leur bouche prononça ce mot sacré de *liberté* qu'ils avaient regardé si long-temps comme un cri de rébellion et de révolte ; mais aussi combien le pouvoir auguste à qui l'initiative de cette loi appartenait, dut s'applaudir lorsqu'il vit à l'instant même, les heureux effets de son ouvrage ! Les craintes se calmèrent, l'espérance rentra dans les cœurs, le crédit public sortit de ses ruines comme par enchantement, et sur tous les points de la France, on bénit une mesure qui avait pour but de faire jouir les Français de l'une des ces garanties constitutionnelles qu'une parole sacrée leur avait promises, et qu'ils attendaient.

Malgré une vive résistance de la part des nouveaux défenseurs des droits du peuple, la loi passa.

Depuis cette heureuse époque, deux fois les colléges électoraux se sont rassemblés ; deux fois les citoyens ont usé des leurs droits suivant la charte; deux fois, ils ont nommé librement des hommes qui avaient mérité leur confiance. Quel a été le résultat du concours de ces hommes aux opérations du gouvernement? L'on n'a plus entendu parler de conspiration que pour gémir sur ce qui s'était passé pendant les jours d'alarmes; les délateurs, livrés au mépris public, sont rentrés dans le néant. L'industrie s'est ranimée, le crédit s'est raffermi, aucun sacrifice n'a coûté pour racheter l'indépendance du territoire, et la France, délivrée de la présence des étrangers, a repris son rang parmi les puissances de l'Europe.

Tel était notre état, il y a quinze jours; sans doute il restait bien des plaies à fermer, bien des malheurs à réparer; mais pleins de confiance dans les promesses qui leur avaient été faites, les Français comptaient sur ces promesses; ils se reposaient, pour en réclamer l'exécution, sur les mandataires qu'ils avaient élus.

Quelle a donc été la surprise, et je dirai la douleur des hommes qui, exempts d'ambition et d'intrigues, veulent avant tout le bonheur de leur patrie, et ne le voyent que dans le maintien des institutions qui leur ont été données? Quelle a été leur douleur en entendant un noble pair, dont ils sont loin cependant d'accuser les intentions, déposer sur le bureau une proposition tendante à supplier le roi de présenter un projet de loi qui fasse éprouver à l'organisation des colléges électoraux, des modifications dont la nécessité serait indispensable.

Le vague de cette proposition, le refus que fit le noble pair de préciser les modifications qu'il jugeait nécessaires, augmentèrent les alarmes et les défiances, avec d'autant plus de raison, qu'on vit la proposition appuyée par les membres de la chambre héréditaire, qui s'étaient montrés les plus opposés à la loi des élections. Chacun craignit pour l'existence du système électoral; chacun craignit de se voir enlever un droit acquis; chacun craignit de voir l'une des portions les plus essentielles du gouvernement faire un pas rétrograde, qui ne tendait à rien moins qu'à nous ramener 1815, et l'on attendit, avec impatience, l'instant où le noble marquis développerait sa proposition.

Il l'a fait, et l'inquiétude est loin d'être calmée; le même vague, qu'on reprochait à la proposition, subsiste dans son développement. Le noble pair a signalé des défauts et des abus réels ou non, dans la loi et l'application de la loi ; mais la seule conséquence qu'il en ait tirée a été *la nécessité d'un examen de cette loi*, en général, et *la nécessité de modifications*. — Un examen.... des modifications ! quels sujets de craintes, et de craintes fondées, pour ceux qui se rappellent où nous menaient un *examen* et la *modification* des articles de la charte !

D'après la première partie de son discours, ces vices et ces défauts pourraient se réduire à trois :

1° Sous le prétexte que plusieurs électeurs n'ont pas pris part aux dernières élections, il insinue que les élections par département offrent un vice, *et que par conséquent il est indispensable de modifier leur organisation, de manière à ce que les électeurs puissent participer à l'élection, et qu'ainsi le droit d'élire ne soit pas un droit illusoire pour la plupart d'entre eux.*

2° Il prétend que l'admission des patentés dans les colléges (admission, dit-il, qui n'est qu'une extension très-libérale de la loi en faveur de l'industrie), *est devenue la source des abus les plus choquants, par la forme de perception de cette taxe ; parce que, comme elle se fait par douzièmes, et qu'on n'exige pas un espace de temps déterminé pour acquérir par cette voie les droits politiques, il s'ensuit qu'un individu, avec vingt-cinq francs une fois payés, peut voter légalement dans une assemblée électorale française; et il ajoute : dès-lors n'est-il pas urgent de réformer sur ce point la loi qui ne l'a pas prévu ?*

3° Quoique la loi indique le mode de compléter la chambre, en cas de vacance, et que ce mode soit applicable à tous les cas, il croit voir à cet égard une lacune dans la loi, et veut y remédier par *la précaution de nommer des suppléants.*

L'on croit qu'après avoir signalé ces prétendus vices, il indiquera les moyens de les réformer ; non, il termine son développement par cette phrase digne de remarque : *Je pourrais ajouter, sans doute, beaucoup d'autres observations, mais il suffit, Messieurs, d'avoir prouvé, dans ces développements, qu'il existe dans la loi sur les élections des dispositions qui trompent le vœu de la charte, pour établir la nécessité de provoquer un examen de la loi même.*

Et il persiste dans sa proposition.

C'est-à-dire, qu'il retombe dans le vague de sa proposition, et qu'après quinze jours d'attente, il n'y a rien de changé, si ce n'est que la chambre des pairs a pris cette proposition en considération, que maintenant elle est adoptée, que d'autres feront *les observations* que le noble pair *aurait pu ajouter*; que conséquemment le danger devient plus grand de jour en jour, et que c'est contre une partie de la chambre des pairs qu'on a à défendre la loi des élections.

Cependant, qu'en arrive-t-il? c'est que malgré les protestations du noble marquis, et je suis prêt à répéter s'il le veut, malgré son intention, tous les principes organiques de la loi des élections sont comme suspendus, puisqu'ils sont soumis à un examen; c'est qu'on va agiter de nouveau, à la tribune héréditaire et à la tribune de la chambre des députés, les questions de l'élection en commun des deux degrés d'élection des colléges d'arrondissements (mode que M. de Barthélemy paraît vouloir substituer aux colléges des départements), et de plus encore la question de l'admission des patentables, qui jusqu'alors n'en avait fait une que pour le *Conservateur*; en un mot, c'est que le système électoral tout entier va

se trouver remis en question et en but aux déclamations de ses adversaires.

S'il est une circonstance où les Français
peuvent user du droit qui leur a été accordé
psr la charte de publier leurs opinions, cer-
tainement c'est celle dans laquelle nous nous
trouvons. Je dirai plus : lorsque la loi des élections est menacée, c'est un devoir pour tout
électeur d'élever la voix ; c'est se montrer digne de jouir des droits qu'il tient de l'initiative
royale et de la sanction des deux chambres,
que de défendre la loi qui lui accorde ces
droits. Ce que d'autres feront, je n'en doute
pas, avec succès, je le tenterai : puisque M. de
Barthélemy provoque *un examen*, *j'exami-*
nerai la loi des élections, et en en démontrant
la bonté, je m'attacherai à prouver :

1º Qu'elle ne saurait éprouver de modification sur le mode d'élection, tel qu'il existe
maintenant, et que les reproches anciens et
nouveaux qu'on lui adresse ne sont pas fon-
dés.

2º Que ce n'est pas par une extension libérale
de la loi, mais en vertu de la loi que l'on a
admis les patentés dans les colléges, et qu'on
ne doit rien modifier à cet égard.

3° Que la loi a pourvu au cas où la chambre deviendrait incomplète, qu'elle n'offre pas de lacunes à remplir, et que l'innovation des suppléants est entièrement inutile.

I.

J'ai dit, en commençant, que dans un gouvernement tel que le nôtre, toute loi rendue doit être en harmonie avec le système général du gouvernement ; or, le meilleur moyen d'établir l'excellence de la loi des élections, c'est de prouver qu'elle est en harmonie avec la charte.

Cette preuve résulte du rapprochement des articles 35 et 40 de la charte, et des articles 1 et 7 de la loi.

L'article 35 de la loi porte :

« La chambre des députés sera composée
» des députés élus par les colléges électoraux,
» dont l'organisation sera déterminée par des
» lois. »

L'article 40, qui contient les éléments des colléges électoraux, porte :

« Les électeurs qui concourent à la nomi-
» nation des députés ne peuvent avoir droit de
» suffrages s'ils ne payent une contribution
» directe de 300 francs, et s'ils ont moins de
» trente ans. »

L'article 1er de de la loi organique des élections est ainsi conçu :

« Tout Français jouissant des droits civils
» et politiques, âgé de trente ans accomplis,
» et payant 300 francs de contributions direc-
» tes, est appelé à concourir à l'élection des
» députés du département où il a son domi-
» cile politique. »

Et l'article 7 :

« Il n'y a dans chaque département qu'un
» seul collége électoral : il est composé de tous
» les électeurs du département dont il nomme
» directement les députés à la chambre. »

C'est cet article, c'est-à-dire, c'est *l'élection directe* et la formation d'un *seul collége électoral*, qui ont donné lieu à toutes les diatribes des adversaires de la loi.

C'est à ce sujet qu'ils ont prétendu que cette loi était *anti-constitutionnelle*, en ce qu'elle s'écartait des termes et de l'esprit de la charte.

Anti-monarchique parce qu'elle détruisait l'influence de la grande propriété et attaquait le principe de la propriété, seul garant du maintien de la monarchie.

Et pour obvier à ces inconvénients, ils ont proposé deux degrés d'élection, c'est-à-dire, de faire concourir tous les propriétaires payant

3oo francs d'impôts, à la nomination d'un certain nombre d'électeurs qui éliraient les députés.

Anti-populaire, en ce qu'elle créait des priviléges et privait la masse de la nation de l'exercice d'un droit politique qui lui était accordé par la charte ; et pour remédier à cette anti-popularité, ils ont proposé d'appeler soit un certain nombre de propriétaires payant moins de trois cents francs d'impositions, soit la masse de la nation à choisir dans les individus payant trois cents francs et plus d'impôts les électeurs chargés de nommer les députés.

Tels sont les principaux reproches faits à la loi, tels sont ceux qu'on va lui faire encore, sous le titre d'*observations*. Or, je vais les aborder franchement, et établir que non-seulement aucun d'eux ne peut s'adresser à la loi des élections ; mais que, loin de là, ils sont tous applicables au mode qu'on voulait ou qu'on voudrait substituer à celui établi ; c'est-à-dire aux deux degrés d'élection, n'importe de quelle manière ces deux degrés subsisteraient.

1° La loi n'est point anti-constitutionnelle, et elle ne s'écarte ni du texte ni de l'esprit de la charte.

Je crois avoir prouvé qu'elle s'accordait avec le texte ; un seul raisonnement va prouver qu'elle s'accorde avec son esprit. Quel est le gouvernement établi par la charte ? un gouvernement libre et représentatif. Or, quoi de plus conforme à l'esprit de ce gouvernement qu'une loi qui appèle tous les citoyens indistinctement à un droit qui les fait concourir aux chances du gouvernement, et qui ne leur impose pour jouir de ce droit qu'une condition qui ne dépend que d'eux seuls et non de la volonté de personne.

2° Elle n'est pas *anti-monarchique,* ou pour aller droit au but des adversaires de la loi, le choix de la classe intermédiaire des propriétaires ne tend pas au renversement de la propriété et de la monarchie.

D'abord c'est une erreur de prétendre que l'influence de la grande propriété soit nécessaire dans les suffrages ; si cela était, la chambre des députés se composerait en entier d'éléments aristocratiques ; elle deviendrait la succursale de la chambre des pairs ; ses membres ne seraient plus les représentants de la nation, mais seulement de la grande propriété ; dès lors aussi il n'y aurait plus d'équilibre des pouvoirs ; le gouvernement et le peuple seraient accablés sous le poids insupportable de l'aristocratie, de cette aristocratie pleine d'orgueil, d'insolence, toujours prête à envahir les droits du peuple et du souverain.

En évitant cet inconvénient, il faut également éviter l'excès contraire, l'appel de la multitude; et il n'y a d'autre moyen pour cela que de prendre la classe intermédiaire. Peut-être serait-il mal séant à un électeur de louer une classe d'hommes dont il fait partie. Cependant comme cette classe a été en butte aux injures et aux déclamations des adversaires de la loi, et qu'il faut bien repousser ces injures et ces déclamations pour justifier la loi, je prendrai au hasard ce qui a été dit pour et contre la classe intermédiaire, et je laisserai à l'opinion le soin de prononcer.

« C'est dans les Français payant trois cents francs d'impositions directes et au-dessus, dit M. Favard de Langlade, que se trouve la classe de la nation la plus distinguée comme la plus influente par ses lumières, par ses relations avec tous les individus du corps social; c'est principalement dans cette classe que se forme et réside l'opinion publique;

réunissant (la plus grande masse de propriétés, elle présente par elle-même la garantie la plus sûre pour la tranquillité publique.

Cette classe intermédiaire sur laquelle on affecte tant d'inquiétude, a dit M. Becquey, n'est-ce pas elle qui constitue la force et les ressources de l'Etat? N'est-ce pas elle qui s'est constamment montrée disposée à tous les sacrifices? n'est-ce pas elle qui, dans toutes les occasions, a manifesté un dévouement sans bornes?

Tels sont je crois les motifs qui ont déterminé le législateur à appeler à l'élection la classe intermédiaire.

Cependant qu'ont avancé les hommes monarchiques pour soutenir leur assertion? l'un d'eux, M. le comte de la Bourdonnaye, les a dépeint ainsi :

« Voyez quels sont ceux dont vous excitez
» l'ambition, dont vous réveillez l'audace. »

« Des hommes que leur éducation, l'habi-
» tude de réfléchir, ne portent que trop à se
» croire dignes d'arriver à tout, et que la mo-
» dicité de leur fortune a forcés de se réduire
» à peu; et vous croyez que des âmes ardentes
» que leurs désirs, leurs facultés ont établies

2

» ans une lutte continuelle entre ce qu'elles
» peuvent et ce qu'elles ambitionnent, verront
» tomber la barrière qui les arrête, sans se
» lancer avec impétuosité dans la lice, sans
» y porter cette soif de richesses, cet amour
» du pouvoir qui, depuis vingt-cinq ans, ne
» nous a que trop agités? »

D'autres ont été plus loin: ils ont été jusqu'à dire qu'il se trouvait dans cette classe, des
hommes auxquels aucun d'eux ne voudrait
confier l'administration des ses affaires ni la
clef de sa porte. Tous, en général, l'ont peinte
comme composée d'hommes turbulents, per-
vers, envieux, avides de fortune et d'honneurs,
et qui ne pouvaient se réunir sans danger pour
la propriété et la monarchie.

Heureusement, cette pauvre classe intermédiaire avait alors pour défenseur le ministre
chargé, à cette époque, du porte feuille de
l'intérieur ; et ce fut ainsi qu'il essaya de cal-
mer les craintes qu'elle excitait; je me plais
d'autant plus à rapporter ses paroles, qu'il siège
aujourd'hui au milieu des antagonistes de cette
classe, et que son éloquence aura sans doute
quelqu'influence sur eux.

« A-t-on assez remarqué, dit-il, que tous
» les hommes de la France dont la fortune est

» faite, sont appelés à concourir aux élections,
» et figurent seuls parmi les éligibles? Quelle
» sera donc l'espérance des hommes classés
» entre trois cents francs et mille francs ? il ne
» leur est pas même permis de prétendre à la
» députation, et dès-lors voilà une des portes
» fermée à la plus noble fortune, à celle qui
» sans conduire aux richesses qu'on sacrifie,
» appelle au pied du trône, aux honneurs,
» au droit de défendre son roi, son pays, sa
» liberté, et par conséquent mène à la gloire.
» Suppose-t-on que ces hommes aient la
» chance de vendre leurs suffrages? mais outre
» que cette bassesse n'est pas française, je doute
» qu'il se présente des acheteurs ; et s'il s'en
» offrait, ce seraient de riches propriétaires.
» Quelle est, je vous conjure de nous l'ap-
» prendre, la carrière de fortune ouverte de-
» vant des hommes qui, ne pouvant être
» députés, sont convoqués tous les cinq ans
» pour employer dix jours au plus à donner
» des voix ? leur seul esprit de fortune ; et il
» est grand, c'est de conserver ce qu'ils ont :
» c'est le repos, c'est la sûreté de leurs per-
» sonnes, de leurs familles, de leurs champs. Ils
» laissent à d'autres les hautes fonctions, les dé-
» sirs ambitieux; leur soin ne peut être que de

» retourner à leur profession, à leur atelier, à
» leur toit modeste sous lequel on peut dire que
» la médiocrité, symptôme de bonheur, est
» aussi une garantie du passé. »

Si en effet, la classe intermédiaire n'est point
ennemie de la propriété et de la monarchie, la
loi qui l'appèle à l'élection, n'est pas anti-monarchique. J'ai rapporté fidèlement, et les at-
taques, et la défense ; je le répète, je laisse
à l'opinion le soin de prononcer.

Je passe au mode proposé par les adversaires,
du projet de faire lire par tous les électeurs dans
des assemblées d'arrondissement ou de canton,
un certain nombre fixe d'électeurs pour nommer
les députés, et je soutiens que ce mode est
anti-constitutionnel, et qu'il a pour but de vio-
ler la charte et l'intention du législateur.

En effet, dès que la charte a dit que tout
individu payant trois cents francs d'impôt, con-
courrait à l'élection ; il est évident qu'on ne
saurait, sans porter atteinte à ses dispositions,
scinder ce droit de suffrage ; ce ne serait plus
donner un droit : ce serait priver d'un droit politique tous ceux qui seraient éloignés de l'élection directe ; ce serait soumettre une des opérations les plus importantes du gouvernement
à un système d'épuration tout-à-fait conforme

aux idée des adversaires de la loi ; mais dont les funestes résultats sont faciles à apercevoir. Ce serait ouvrir une carrière dont on ne saurait entrevoir la fin.

Non-seulement les deux dégrés d'élection seraient contraires à l'intention du législateur ; mais elles priveraient la nation de tous les avantages de l'élection directe : or, ces avantages sont inculculables, et je ne puis mieux le prouver qu'en rapportant encore ce qu'à dit M. Lainé à ce sujet.

« L'élection directe établit entre les élec-
» teurs et les députés des rapports immédiats
» qui donnent aux premiers plus de confiance
» dans leurs mandataires, et aux seconds plus
» d'autorité et de poids dans l'exercice de
» leurs fonctions ; aucun électeur n'a le droit
» de se plaindre des résultats d'une élection à
» à laquelle ils ont tous concouru par leur
» suffrage ; aucun éligible n'a le droit de
» prétendre que si tous les électeurs avaient
» été appelés, il aurait été élu. Vainement
» dira-t-on qu'en faisant choisir par la totalité
» des électeurs, et dans leur sein, un certain
» nombre d'électeurs d'élite qui nommeraient
» ensuite les députés, on aurait également
» l'expression et l'opinion du vœu des élec-

» teurs ; la confiance et l'approbation ne s'ac-
» cordent point d'une manière si absolue. Le
» député élu de la sorte n'aurait obtenu au
» fait que le suffrage des électeurs qui au-
» raient concouru directement à sa nomina-
» tion ; il ne serait pas le délégué spécial des
» électeurs qui n'auraient pas été appelés à
» lui donner leur suffrage, et ceux-ci ne
» pourraient ni attacher la même importance,
» ni reconnaître la même autorité aux opi-
» nions et à la conduite d'un homme avec le-
» quel ils n'auraient que des rapports éloi-
» gnés. »

Aujourd'hui cependant c'est cette élection directe qu'on veut faire disparaître. M. de Barthélemy ne dit pas qu'il faut deux degrés d'élection, mais il laisse entrevoir qu'il faut plusieurs colléges ; et ce mode ne vaut pas mieux que l'autre.

En effet, de quelle manière formerait-on ces colléges ?

Partagerait-on les députés à élire pour le département entre plusieurs colléges d'arron-dissement, de façon que chaque collège d'ar-rondissement eût un certain nombre de dé-putés à nommer ?

Mais la charte veut que l'élection soit le résultat du suffrage unanime de tout le département. Or il est certain que tel homme qui aurait eu toutes les voix dans tel collége d'arrondissement, n'en obtiendrait pas une seule dans tel autre. Il ne serait donc pas le représentant du département, mais seulement d'un arrondissement.

Voudrait-on former des colléges d'arrondissement semblables à nos sections de colléges? C'est impossible. Il y a bien plus loin d'un chef-lieu d'arrondissement à un chef-lieu de département, que d'un quartier de Paris à l'hôtel-de-ville; dès-lors que de sujets d'inquiétude pour des hommes jaloux du résultat de leur suffrage, et craignant toujours de le voir altérer! Je citerai un exemple, sans cependant prétendre blesser aucun amour-propre, aucune délicatesse.

A Paris, les électeurs ne se bornent pas à déposer leur suffrage dans l'urne électorale; ils suivent cette urne depuis leur section jusqu'au moment où elle arrive à l'hôtel-de-ville; leurs yeux ne la quittent pas jusqu'au moment où on dépouille le scrutin; pourraient-ils faire de même dans les départements? et s'ils ne le pouvaient pas, tous les avantages de l'élection directe disparaîtraient; il n'y aurait plus de confiance dans les députés proclamés, plus de liens réciproques, plus de responsabilité morale. Il y aurait à la place, des défiances, des jalousies, des discordes ; il y aurait de plus une inertie totale à exécuter les lois à la formation desquelles ces députés concourraient, et l'une de ces lois est celle sur les finances ; en un mot, tout esprit de patriotisme disparaîtrait. Une autre raison s'opposerait encore aux assemblées d'arrondissement : l'intention du législateur est d'appeler les hommes les plus recommandables du département par leur mérite, leurs vertus, leurs lumières, leur patriotisme ; or il est évident que tel individu qui l'emporterait par toutes ces considérations dans son arrondissement, ne saurait soutenir la balance avec tel autre dans une assemblée de département où l'esprit de localité ne saurait pénétrer. C'est ce que le législateur a voulu, c'est ce que ceux qui proposent les assembles d'arrondissement ne voudraient pas.

D'ailleurs, que de moyens d'intrigue, de corruption, qui peuvent être employés dans une assemblée d'arrondissement, qui sont illusoires dans une assemblée de département !

Il est donc évident que l'ancien mode des

deux dégrés d'élection proposé lors de la présentation du projet, et celui qu'on voudrait introduire, et qui n'est que la répétition du premier, sont tous deux inadmissibles et, comme je l'ai dit, inconstitutionnels.

Il me reste encore à répondre au reproche adressé par M. de Barthélemy à la loi actuelle, d'éloigner du collége une grande quantité d'électeurs. Je vais le faire.

Il fixe à un tiers des électeurs ceux qui ne se sont pas présentés. Je ne veux pas approfondir l'exactitude du calcul; ja veux plus : je veux l'admettre en partie, quoiqu'il soit susceptible de critique ; mais il attribue leur absence à la difficulté des localités ; et je suis loin de partager son avis. Voici le mien :

Personne n'a oublié les conseils donnés par un noble pair, dans *le Conservateur*, aux *honnêtes gens* de son parti : *en cas de ballotage entre un libéral et un ministériel, abstenez-vous.* Que prouverait donc l'absence d'un tiers des électeurs ? Que les disciples auraient suivi les ordres du maître, et que les *honnêtes gens* selon *le Conservateur*, seraient aux honnêtes gens selon la charte et la patrie, comme un est à trois.

Et qu'on ne prenne pas ceci pour une épigramme : il est constant qu'à Paris le nombre des suffrages n'a point égalé celui des élec-teurs. Or, l'absence de ceux-ci ne provient pas de la difficulté de se rendre à leur collége, mais bien du motif que je viens d'indiquer, ou de l'antipathie profonde et invétérée que cette loi des élections inspire à quelques esprits.

Je ne citerai qu'un seul exemple : que l'éloi-gnement du collége de département et tous les inconvénients d'un déplacement prolongé ne sauraient arrêter les électeurs patriotes ; mais cet exemple suffira pour détruire toutes les objections de M. le marquis de Barthé-lemy. Lors des élections dernières, le préfet du département de la Sarthe, sous prétexte de consulter le ministre sur une prétendue diffi-culté, suspendit les élections pendant trois jours, et, pendant ce temps, les électeurs furent exposés à tous les désagréments du dé-faut de localité ; ont-ils pour cela déserté la cause nationale ? Si M. le marquis de Bar-thélemy avait quelque doute à cet égard, qu'il demande des renseignements à M. Pasquier.

3° Il me reste à repousser le troisième re-proche fait à la loi des élections, celui *d'être anti-populaire*, de créer des priviléges et de priver la masse de la nation d'un droit accordé par la charte.

En matière électorale, créer des priviléges serait accorder le droit de suffrage à un certain nombre d'individus, sans fixer d'autre condition nécessaire pour obtenir ce droit, que le choix et la volonté du monarque ; mais dès que ce droit dépend d'une condition que tout le monde peut indistinctement et par soi-même parvenir à remplir, il n'y a plus de privilége. Ainsi l'institution des armes d'honneur, ou ensuite de la croix d'honneur, qui avait pour but de récompenser le courage et le mérite, n'était point en elle-même une institution privilégiée, puisque tout le monde pouvait espérer d'y arriver, en faisant preuve de courage ou de mérite. Ainsi, par la même raison, une chambre où l'on ne parviendrait que par ses talents et ses vertus, ne serait pas une chambre privilégiée. Ainsi, il est faux de dire que conférer le droit de suffrage à tout individu payant trois cents francs d'imposition, soit créer un privilége.

Il est également faux de dire qu'on prive ainsi la masse de la nation d'un droit qui lui a été donné par la charte ; car c'est la charte qui circonscrit le droit électoral dans la quotité d'impôts. La loi n'a été à cet égard que le complément de la charte.

Je passe maintenant au mode préposé par les hommes monarchiques pour remédier à la prétendue anti-popularité de la loi.

Ce mode, c'est toujours le même, deux degrés d'élection ; mais que le langage de ces hommes est différent ! ceux qui craignent tant les assemblées nombreuses, ceux qui craignent tant les assemblées d'électeurs à trois cents francs, veulent convoquer une assemblée primaire, la classe inférieure des imposés, ou même la multitude, et lui faire choisir des électeurs directs parmi les imposés à trois cents francs.

Il est inutile, je crois, de démontrer tout le ridicule de ce système, il est clair que l'appel d'une classe inférieure est contraire à l'intention du législateur; car, puisqu'il a pris la quotité d'impôts pour la base du système électoral; qu'il a fixé la quotité que devait payer l'éligible, celle que devait payer l'électeur; s'il eût voulu établir une troisième classe, il aurait aussi fixé la quotité d'impôts nécessaire pour faire partie de cette troisième classe.

Quant à l'appel de la multitude, je ne puis

mieux faire que de citer les paroles de M. Cuvier à ce sujet.

« Si la grande masse de la nation était appe-
» lée à concourir aux élections, il en résulte-
» rait trois choses : ou les assemblées primitives
» seraient vénales, ou elles seraient subjuguées
» par la puissance, ou séduites par les déma-
» gogues. »

Le nom de l'orateur me dispense d'entrer dans de plus grands développements ; j'ajouterai seulement que ce nouveau mode de deux degrés d'élection aurait pour but de faire élire des électeurs par des hommes qu'on jugerait incapables d'élire des députés ; qu'il nous ramènerait aux assemblées primaires, ou qu'il nous rejèterait dans les colléges électoraux de Buonaparte auxquels nous devons les chambres de 1815 et 1816.

Encore, si ces nouveaux défenseurs du droit du droit du peuple étaient de bonne foi ; mais non, qu'on ne s'y trompe pas, leur popularité n'est qu'un masque dont ils se couvrent, et qu'il est temps de leur arracher.

Ils n'ont pas dit leur pensée toute entière, en traitant la loi d'*anti-constitutionnelle*, d'*anti-monarchique*, et surtout d'*anti-populaire*. Mais cette pensée a percé dans leurs discours : le grand vice qu'ils lui reprochent, c'est d'être *anti-aristocratique*. Et s'ils appellent les petits propriétaires et la multitude à leur secours, c'est qu'ils croient pouvoir s'en servir pour établir l'*aristocratie*.

En effet, dans la chambre des députés, M. Richard, de la Loire Inférieure, a prétendu qu'il fallait donner aux grands propriétaires *la plus grande force possible*, et s'il a voté contre la loi, c'est qu'il n'y a pas retrouvé *cette force.*

M. de la Bourdonnaye a regretté que cette loi ne donnât aux éligibles *aucune influence* dans les colléges électoraux, et il a fait remarquer qu'en appelant la classe inférieure *classe attachée par ses intérêts, par une corrélation de services et de besoins aux grands propriétaires, et aux capitalistes, on donnerait à la grande propriété l'influence dont elle a besoin pour défendre des intérêts constamment attaqués.*

M. de Villèle a dit que ce serait augmenter l'influence des propriétaires en général que de leur donner pour auxiliaires, dans les élections, les petits propriétaires ou honnêtes artisans, qui forment la classe la plus nombreuse de la nation.

Dans la chambre des pairs, M. Jules de

Polignac a critiqué la loi, sur ce que la classe élevée de la société n'aurait aucun mouvement à imprimer, aucune direction à donner à la marche des élections.

M. le marquis de Raigecourt a demandé si l'on persistait dans un seul degré d'élection, comme en Angleterre ? qu'on y joignît aussi, comme en Angleterre, cette influence des grands propriétaires dans les élections des députés de ces bourgs que les démagogues ont qualifiés de bourgs pourris.

M. le marquis de Rougé a fait remarquer qu'il se trouvait dans chaque département un certain nombre d'hommes à qui de grandes propriétés, des places à la cour, des services rendus, quelquefois un mérite transcendant donneront de l'influence, et qu'il est impossible que de tels hommes ne choisissent pas des députés intéressés au maintien de l'ordre et de la légitimité.

M. le duc de Fitz-James, en parlant des assemblées primaires, a ajouté qu'on aurait sur ces assemblées une influence d'autant plus facile, que le président pourrait l'exercer sur des hommes simples et *isolés*.

Je m'arrête, et je me demande : est-ce là le langage des défenseurs des libertés civiles ?

ciste, l'a dévoilé ; *ils veulent des électeurs pauvres pour n'avoir qne des élus opulents ; ils veulent des seigneurs et des serfs, de grands propriétaires et des hommes sans propriétés ;* ils craignent les lumières et ils rejètent la classe intermédiaire ; ils voudraient la faire décimer par la multitude, parce que parmi les hommes qui composent cette classe, beaucoup (ils sont obligés d'en convenir) *connnaissent à fond les lois, que beaucoup d'entre eux ont des talents, de l'instruction.* A la vérité, ils ajoutent qu'ils *n'en ont jamais fait usage que pour satisfaire leur cupidité ou d'autres passions plus honteuses encore.* Mais c'est qu'il est reconnu que les nobles seuls sont exempts de *cupidité* et de *passions plus honteuses encore,* témoins les grands seigneurs de la régence et du siècle de Louis XV.

Après avoir soumis la loi des élections à l'examen sollicité par M. de Barthélemy, et l'avoir justifiée des reproches qu'on lui adresse, avoir démontré que les inconvénients que le noble marquis croit avoir remarqués dans la formation du collège de département sont imaginaires, je passe aux abus qu'il a vus dans l'admission des patentés.

En considérant d'abord la question en gé-

est-ce leur propre intérêt ou l'amour du peuple qui les fait parler? Que veulent-ils donc, ces hommes qui accusent la loi d'établir des privilés, et qui regrettent l'influence des privilégiés? qui redoutent la classe intermédiaire et appellent la multitude? Un éloquent publinéral, (je pose en principe qu'assimiler les patentes à la contribution foncière, n'est pas donner une extension libérale à la loi; mais bien faire jouir les commerçants du droit qui leur appartient, et je citerai à l'appui de cette assertion une autorité qu'il ne récusera pas, je l'espère. C'est l'opinion de M. le marquis de Moncalm : *l'intention de la charte*, a-t-il dit, *est que la propriété représente et soit représentée; l'industrie est aussi une propriété.*

Ceci n'est donc pas une grâce qu'on a faite à l'une des classes les plus essentielles, les plus respectables de la société, à celle qui par son industrie contribue le plus à la richesse de l'Etat, que de lui accorder un droit qui dépend d'une condition qu'elle remplit, et pour me servir des expressions du noble marquis, son observation sur les patentes n'est rien moins que *libérale;* elle ferait croire que son marquisat remonte à ces temps où le commerce *dérogeait*, et où les honnêtes négociants de la cité étaient regardés par messieurs les marquis comme une classe exclusivement réservée à leur prêter de l'argent, à fournir des livrées à leurs laquais, et des habits à leurs valets de chambre qui, plus heureux que les marchands, ne dérogeaient pas.

Maintenant, voyons si l'abus signalé par le noble marquis existe réellement? Je ne le crois pas, et voici sur quoi je me fonde :

Il n'est pas exact de dire qu'il suffit de payer 25 francs pour voter légalement; il est évident que la patente ne se délivre pas seulement pour un mois, mais bien pour l'année : ainsi l'individu, une fois patenté, est obligé d'acquitter la totalité de sa patente. A la vérité, il peut se mettre en réclamation et demander le dégrèvement d'une portion; mais il y a une grande différence entre demander et obtenir un dégrèvement, et provisoirement il faut payer : de plus, c'est l'autorité départementale qui statue sur la réclamation, et il ne dépend que d'elle de ne pas l'accorder, si en effet il y a fraude.

Je vais plus loin, et je soutiens que si, sous

ce prétexte, on admettait une modificat on
dans l'admission du patenté, demain on vien-
drait demander pareille modification pour l'article qui accorde le droit de suffrage aux pr -
priétaires payant 3oo francs d'impôts : en effet,
un individu ne peut-il pas, pour se donner ce
droit, achetec un immeuble qu'il revendrait
après les élections ? Or, comme les impositions
se payent par douzièmes, il suffirait à cet individu de payer un douzième pour voter légalement : cette seconde modification admise, on
en demanderait une autre en s'appuyant des
premières, et l'on parviendrait au but où l'on
tend, au but vers lequel la proposition de
M. Barthélemy, est un acheminement, à la ré-
vocation de la loi des élections, par suite
au renversement du système électoral,
par suite encore au renversement du gouvernement représentatif ; puisque ce gouvernement est tout entier dans la loi des élections. Le système de 1815 succéderait au
système de 1819 ; l'autorité des parlements
remplacerait l'autorité de la charte ; l'aristocratie, les privilèges, l'oligarchie tenteraient
de ressaisir le pouvoir, et comme un peuple à
qui l'on a fait entrevoir la liberté, n'abandonne
pas sans opposition l'ombre même de l'unique

objet de ses vœux et de ses sacrifices, nous verrions de nouveau la discorde planter ses étendards sanglants au milieu de nous.

 Reste le troisième inconvénient signalé par M. de Barthélemy, celui de l'omission des suppléants. Je l'avoue, je ne vois pas dans la loi du 5 février 1817 la lacune qu'y remarque M. le marquis, et l'art. 18 de cette loi me semble pourvoir à ce que la chambre soit toujours complète. Il est ainsi conçu : « Lorsque, » pendant la durée ou dans l'intervalle des » sessions des chambres, la députation d'un » département devient incomplète, elle est » complétée par le collége électoral du dé- » partement auquel elle appartient. »

Qu'est-il donc besoin de suppléants, quand la loi indique d'une manière aussi formelle le moyen de completter la chambre des députés ? À la vérité cet article attendait son exécution depuis l'ouverture des chambres ; mais alors la critique du noble marquis, au lieu de frapper la loi des élections, devait retomber toute entière sur ceux qui, ayant seuls le pouvoir de la completter, ne le faisaient pas.

Heureusement aujourd'hui on ne peut plus leur adresser ce reproche, l'ordonnance portant convocation des colléges électoraux vient de paraître, et cette ordonnance, qui n'est qu'une exécution de la loi, donne le dément le plus formel aux hommes qui voudraient attaquer cette loi, aux hommes qui s'intitulent monarchiques, et dont tous les efforts tendent à recouvrer la monarchie, aux hommes qui depuis si long-temps à ruiner nos institutions pour établir sur leurs débris les institutions anciennes ; aux hommes qui repoussés par la sagesse du gouvernement, ont voulu intéresser des étrangers dans leur querelle, et qui ne sont jamais plus dangereux que lorsqu'ils sont aux abois.

Espérons que le gouvernement, instruit par cette dernière tentative de leur part, ne se bornera pas à cette mesure, que bientôt nous verrons enfin se réaliser les promesses qu'il nous a faites et qu'il s'opposera par tous les moyens qui sont en son pouvoir à ce que la proposition du noble marquis acquière une consistance plus grande que celle qu'elle a malheureusement déjà acquise. Espérons que ces nuages de funeste présage qui planent sur quelques parties de la France se dissiperont, et que la sagesse qui, deux fois, nous a sauvés de notre perte, arrêtera le mal avant qu'il soit tout à fait consommé !

Cependant, la proposition de M. Barthé-lemy n'en aura pas moins éclaté dans toute la France ; elle n'en aura pas moins excité l'agitation, réveillé les défiances et les alarmes, ébranlé le crédit, la confiance et la tranquillité publique ; mais le noble marquis protester de la pureté de ses intentions, et nous devons l'en croire sur parole.

FIN.